Mon cœur a fleuri sous les cerisiers

Marianne Kerzulec

Mon cœur a fleuri sous les cerisiers

Poésie

Couverture : Marianne Kerzulec
Illustrations et Correction : @doggone_al (Instagram)

Édition : BoD · Books on Demand, 31 avenue Saint-Rémy, 57600 Forbach, bod@bod.fr
Impression : Libri Plureos GmbH, Friedensallee 273, 22763 Hamburg (Allemagne)

ISBN : 978-2-3225-7317-2
Dépôt légal : Mars 2025

À tous les amoureux de l'amour éternel
À ma Muse

Dédicace

Ton amour
Ma douleur

Notre génération a le je t'aime facile, on aime par automatisme, on aime par habitude. On dévalue l'amour en lui donnant trop, ou trop peu de signification. Mais moi, je crois au vrai amour. Celui qui fait bouillir ton esprit, qui fait vibrer ton cœur, qui embellit la personne que tu es, qui te pousse vers le haut.

Je crois en ce sentiment que j'idéalise encore, celui que j'imagine dans mes rêves et que j'entrevois dans chacune de mes relations mais il n'en est rien.

On joue sur les mots, on joue de nos cœurs, l'humain est joueur mais ce jeu est destructeur.

L'amour est maintenant résumé à une équation scientifique, une réaction chimique d'un organe vital, là où il me transperce la pensée.
Je l'attend et en même temps, j'en ai peur, je le veux mais je l'appréhende. Un peu comme si je savais qu'il ne tient qu'à un fil celui des sentiments. Le désir et la passion ne sont qu'éphémères et spontanés, là où l'amour s'impose durable et permanent.

J'aime l'amour, autant que l'humain aime la gloire et
le succès.

J'avais appris à aimer, on me l'avait enseigné

Mais je crois que j'ai oublié, quand l'amour s'est
conjugué au passé

Mes relations ont déconstruit l'image que je me suis
forgée de l'amour

Depuis que j'ai appris que les livres n'en reflètent pas
les mêmes contours

Et lorsque l'on y met trop de passion

L'amour se confond à la haine

C'est quand on fait le deuil pendant la relation

Que l'on supporte mieux la peine

Et j'ai tout fait pour toi

Mais j'étouffais malgré moi

J'attendais que la magie opère

J'appréhendais que l'âme agisse solitaire

J'ai déjà aimé avec mon âme

Avec puissance, intensité et passion

J'ai délaissé et rendu les armes

Par insuffisance, culpabilité et dissipation

Depuis, je ne peux trouver d'intérêt à simplement
aimer avec le cœur

Je ne peux qualifier ces relations légères comme me
comblant de bonheur

Serais-je capable d'aimer à nouveau ?

Serais-je inculpable d'avoir désiré pour de faux ?

J'ai tant donné pour vivre un amour de conte de fées
qu'il m'a déchirée.

J'essaie d'atténuer mon amour pour toi

Mais il m'est impossible d'effacer l'indélébile

J'avance dans ton absence malgré moi

Mais il est fastidieux pour mon cœur de rester habile

Tu as placardé des photos de toi partout dans ma
tête

Il y a des posters de toi dans le moindre recoin de
mon cœur

Tu m'as accordé à toi, au point où j'en deviens bête

Il y a dans chacun de mes rêves, un de tes élans
d'ardeur

Je ne peux expliquer ce que je ressens à ton égard

J'en suis incapable malgré tout ce que tu m'as appris

Au quotidien, accablée de tempêtes et de brouillard

Ma seule certitude est que tu es l'amour de ma vie

Ton souvenir m'arrache toujours le même sourire

Et ton sourire reste le seul que je convoite

La nuit je t'imagine jusque dans mes derniers soupirs

Mais tu sais, même dans mes rêves je suis maladroite

Il n'y a, à ma connaissance, aucun mot suffisamment
puissant, pour décrire ce que je ressens pour toi

Tu es le sujet principal de toute ma poésie

Je pourrais me battre à m'en couper le souffle pour
faire revenir ton cœur à moi

Jusqu'à devenir ton pantin par dépit

On ne se quittera plus, m'a-t-il dit

Mon espoir fut si abondant

Je lui aurais légué ma vie

Mais cela n'a pas été suffisant

Un jour, un autre aimera mon cœur

Un jour, un autre deviendra mon univers

Ce jour, je connaîtrais une nouvelle fois le bonheur

Ce jour, ton rejet ne sera qu'un souvenir amer

La vie se résume à une histoire, celle que l'on nous raconte quand on est enfant. Nous ne sommes que poussières entre héros et méchants. Les héros ne sont que des marchands de rêves. Ce sont des perdants qui ont essayé une fois de plus.

On nous pousse toujours à être le héros de l'histoire de notre vie et on aspire tous à devenir celui de quelqu'un d'autre, par désir de reconnaissance peut-être.

Mais parfois, on a beau essayer, l'héroïsme ne parvient pas à se frayer de chemin.

Moi, je suis une héroïne, du moins, à un essai près.

Tout le monde a déjà eu à faire à un marchand de rêves. Le mien a comblé tous les vides de mon existence, avant de les enfoncer dix fois plus.

Il m'a tout donné, m'a tout repris.

Je lui ai supplié, de ne pas me prendre la vie.

Mon cerveau affiche le cas critique

Mais mon cœur n'a pas la fonction « supprimer
l'historique »

Il ne restera que des souvenirs

Perdus sous les décombres de notre avenir

J'y ai cru, je l'ai ressenti, je l'ai aperçu

Mais tout ça n'était qu'une illusion, une entrevue

Il avait tout pour me séduire

Mais a préféré tout donner pour me faire fuir

Et si tout cela n'était que provisoire ?

Et si cette douleur n'était qu'illusoire ?

Il m'a demandé de l'oublier

Donc de ma tête, je dois tout effacer

J'ai aimé de nombreuses facettes de sa personnalité

Il a détesté l'attention et l'amour que j'ai pu lui
donner

Ma tête ne réclame que la trêve

Mais mon cœur s'accroche à ce marchand de rêves

Et c'est quand ce que l'on pense être de l'amour se transforme en haine, que l'on se rend compte que la ligne entre bonheur et destruction n'est que poussière.

J'ai perdu mon sourire, encore une fois

J'ai encaissé tes paroles et tes absences de mots

C'était doux, naturel et spontané

C'était violent, blessant et meurtrier

Passion commune, esprits similaires et perdus

Les mêmes lacunes, cœurs déchirés et superflus

Il jouait de mots réconfortants et amoureux

Autant qu'il en balançait des rabaissants et douloureux

Mais j'ai adoré sa douceur agressive

Malgré que je me sois noyée dans cette destruction progressive

Le temps estompe les douleurs, le temps ancre les souvenirs. Et si le temps ne nous répare pas ? Et si le souvenirs sont trop douloureux ?

J'y ai pensé

J'ai attendu

Ça m'a tué

Il était perdu

Maintenant, tout résonne comme un souvenir démuni

Au rythme de nos battements endormis

Le temps d'une poignée d'années, j'ai cru qu'il serait en capacité de m'accorder l'amour pour toute une vie.

L'espoir fait vivre, disent-ils.

My dear,

Tu cherches un soleil pour illuminer ta vie

Mais tu oublies que c'est la lune qui t'éclaire jusqu'au bout de la nuit

Le temps sépare

Le temps répare

Pour tout reconstruire

Il faut d'abord tout détruire

J'ai confiance en toi

Autant que l'éclipse a masqué le soleil ce soir-là

J'ai tout donné pour te plaire

Tu m'as répondu de manière protocolaire

J'aperçois désormais, le crépuscule de la lune

Au détriment de la nuit noire et de son infortune

Merci pour la rose

Merci pour les épines

Bienvenue dans mon univers en prose

Bienvenue dans le monde que j'imagine

Les sourires et les attentions ne sont qu'éphémères

Là où les sentiments sont éternels

Se donner à quelqu'un coûte mentalement cher

Mais c'est écrire une nouvelle page comme un
nouveau poème

Simple, léger, libérateur

Me dispenser d'une vie dont je ne serais que
spectateur

Tu me fais vibrer, rire, rêver

Tu me fais vivre tout simplement

Tu sais me donner le sourire quand je suis déchirée

Tu me comprends, on est connectés mentalement

Je me projette, je m'investis, c'est un futur que je
m'invente

J'en rêve, j'y pense, tu es devenu le centre de mon
imagination débordante

Mais pourquoi je me bloque ?

Pourquoi j'ai peur ?

J'espère que ce soit réciproque

J'y réfléchis toujours pendant des heures

Tu me fais oublier mes milliards de pensées

Tu sais me vider la tête, apaiser mon cerveau

Je voulais explorer tous les possibles chemins

Et j'ai pris comme prétexte que je n'avais pas de
muse

Mais j'ai oublié que les gagnants trouvent des
moyens

Là où les perdants trouvent des excuses

J'ai découvert que parfois, les inconnus deviennent
des proches

Que même les poches peuvent devenir des inconnus

Et que même si les promesses sont gravées dans la
roche

Rien ne les empêche de se voir corrompues

Il ne faut pas laisser les limitations des autres

Limiter tes ambitions

Il ne faut pas tout baser sur les mots

Quand ils ne concordent pas aux actions

Je ne voulais donner ma confiance à personne

Car quand il fait sombre, même mon ombre disparaît

Et désormais ces mots résonnent

Comme un orchestre au milieu d'un cabaret

Je me suis battue pour sortir de la pénombre

Autour de moi tout paraissait brûlé

Mais bien que tout paraît sombre

Quand on garde les yeux fermés

On ne peut pas rattraper le temps perdu

Mais on peut arrêter de perdre du temps

Et de toutes ces fois où l'on a survécu

On ne peut que guérir les blessures, lentement

J'ai eu des mots blessants envers certains

J'ai parfois pris des décisions étroites

J'ai décidé de grandir pour assurer mon destin

Mais parfois, même ma propre personnalité
s'échappe

Vous la connaissez vous aussi cette sensation

Celle qui vous donne de multiples frissons

Celle qui vous rend le sourire lorsqu'il se noie dans
les larmes

Vous la connaissez forcément, cette sensation de vie
de charme

Il me faisait rire aux éclats à un point

Où toutes mes émotions se confondent

Il apaisait mon esprit à la pointe

De son imperfection si profonde

« Tu embellis ma vie » me disait-il

Sans mesurer qu'il avait sauvé la mienne

Un amour inconditionnel subtil

Qui me comble de son aubaine

Je voudrais lui offrir mes yeux

Pour qu'il s'aime aux travers de mon regard

Il me donnait l'amour pour une vie, même pour
deux

Lorsqu'il m'enveloppait de son cœur, cette œuvre
d'art

Je veux lui apprendre à s'aimer

Au point où je l'aime un peu plus chaque jour

Je veux qu'il m'apprenne à m'aimer de la façon

Dont il m'a transformé pour toujours

Et je l'aime, peu importe ce qu'il m'en coûtera

Je lui donnerais tout, même ce que je ne possède pas

Et si un jour cet amour sans précédent venait à
disparaître

Il n'y a que par le vide que je ne pourrais me
transparaître

Oui, je l'aime, c'est indéniable

Car nous sommes indissociables

Comme le Ying quand le Yang s'y est mêlé

Nos cœurs ont appris à s'entremêler

Vous appelez ça des âmes sœurs

Même si j'aurais préféré des âmes cœurs

Peu importe le nom que vous lui donnerez

C'est le sien que mon esprit ne cesse de ressasser

Et je l'aime comme vous ne pourriez l'aimer

Au point où les mots ne savent suffire

Je lui offre de mon cœur, chaque centimètre carré

Depuis que nos corps ont pu se réunir

Vous ne sauriez apprendre à le connaître

Là où j'ai appris, de lui, à entreprendre

Vous ne sauriez le voir disparaître

Là où je serais partie le chercher sans attendre

Vous ne sauriez l'entendre

Là où je sais l'écouter

Car vous ne pourriez comprendre

À quel point je peux l'aimer

Dans la plus pure des imperfections de votre cœur

J'ai su lire au travers de vers à demi mots

Et sans l'ombre du doute, ni d'amour, ni d'aigreur

J'ai confiance jusqu'au désaccord de mon piano

J'ai confiance en moi, en lui, ou encore en vous

En prenant ce risque d'être déchirée sans précédent

La confiance m'aveugle, à pousser mes sentiments au
flou

Dans cette pluie de larmes ruisselantes

J'ai cette foi qui grandit malgré moi, en eux, même en
vous

Dans un bouquet de lys, adjacent la corruption

Et même s'il arrive que je le désavoue

J'exile la défiance, la méfiance et le soupçon

J'ai confiance en vous, là où je n'ai pas confiance en
moi

Et j'aime chez vous, ce dont je rêve mais ne possède
pas

La confiance m'est plus rare qu'une pépite d'or

J'en rêve parfois encore lorsque je m'endors

Certains ont confiance en moi malgré leur absence de
connaissance de ma personne

Ils m'octroient ce pouvoir dans la déconstruction de
ce poème qui résonne

Faites moi confiance, autant que moi envers vous

Voici mon histoire sans l'ombre d'une censure

J'espère accorder vos pensées à mes mots doux

Écrits par mon cœur pour multiplier mon usure

Et parfois j'apprécie ton absence

Lorsque ton rire ne résonne plus dans mes rêves

Oui parfois je suis comblée de ton silence

Car cette dépendance malsaine s'achève

Mon coeur bat encore au rythme de mes souvenirs

Il souffre d'un désaccord permanent

Comme une chimère, interfèrent tes sourires

Malgré qu'ils soient erronés maintenant

J'ai comme l'oppression d'un songe trop long

J'ai comme l'impression d'un ange trop bon

Si je le voulais, je t'oublierais

Si tu le voulais, je reviendrais

Encore et toujours, je me suis brûlée les ailes

Et tous les jours, mon cœur craquelle

Dans mes veines, mon sang martèle

Tu es le chef de mes pulsions artérielles

Je tente de construire des ponts vers le monde

Au dépit des murs que j'ai bâti en t'attendant

Je hais tes doutes, je hais ta tristesse

Quoi qu'il m'en coûte, dans l'accortesse

J'idéalise encore

J'idéalise à tord

Sans regrets, sans remords

La synergie de nos corps

Quelques fois, l'air me manque

Quelques fois, j'étouffe du vide

Et sous tes airs de saltimbanque

Ton cœur m'a englouti tel l'Atlantide

De toi, je ne peux guérir

Mon corps me crie « respire »

Donc je préfère me dire

Que seule ma peine pourra mourir

Comme une habitude, sans interlude

Une similitude sans certitude

Tu as le don de transformer

Ton apathie en sérénité

Tu as su rendre délectable

Mon désir inavouable

Nos années inoubliables

Tes sentiments abrogeables

Je ris

Je pleure

Je vis

Je meurs

J'aime la pureté de l'eau sur ma peau

J'aime l'authenticité des mots sur mes maux

Je hais ta condescendance envoûtante

Je hais cette distance incessante

Tu m'as dis « je t'aime » comme seule réplique

Tu jouais la comédie, tu n'étais pas authentique

J'ai tes vers en mémoire, tels des reliques

Mais je n'ai plus de rôle dans ta comédie romantique

Aime moi, telle est ma quête

Aime moi, tu es ma raison d'être

Je t'aime à peine, tu as disparu soudainement

Je t'aime de haine, tu t'es lassé lâchement

Chaque seconde dans tes bras m'a paru éternelle

Et chaque nuit loin de toi me paraît irréelle

À chaque regard, je voyageais dans tes yeux

À chaque départ, je te retardais, rien qu'un peu

On dit que l'amour est éphémère

Que l'âme humaine aime plusieurs fois

Et à l'encontre de ces quelques vers

Les battements de mon cœur ne résonnent que pour
toi

À chaque fois que nos corps se réunissent

Je prie si fort pour que tu restes

Mais au fond de moi, dans mes abysses

Je t'aime autant que je te déteste.

Je t'ai épargné ma douleur

Tu m'as privé de ta douceur

Mes larmes n'ont plus la même saveur

Depuis que tu as déclenché mes pleurs

Tu sais, j'ai toujours cru que ce « nous » serait infini

Sûrement par amour démesuré

Mes sentiments, continuellement, se multiplient

Par réaction cardiaque incontrôlée

Je ne suis plus à la conquête de ton approbation

Je souhaite désormais l'indifférence de ton abandon

J'ai cessé de me remettre en question

Car espérer ton retour n'est plus une solution

J'ai dû revoir tous mes projets

Rebâtir la structure de mon univers

Mais je n'éprouve aucun regret

À ne plus respirer ton air

Nos cœurs ne sont pas immortels

Mais notre amour est intemporel

Et quand on me demandera l'origine de mes
sentiments farouches

Je n'aurais plus que ton nom à la bouche

J'en ai entendu des souffrances

J'en ai connu à outrance

Mais celle que tu me procures est ma préférée

Car c'est tout ce qui me rattache à ta réalité

Comme un pied à terre dans mes pensées
obsessionnelles

Comme un repère dans ce théâtre bondé et
impersonnel

Je trouve que sans toi, la vie est moins belle

Car tu étais mon tout, mon étincelle

J'en viens presque à oublier ton départ précipité

Lorsque tu me redonnes un semblant d'affection

Mais jamais je ne pourrais me permettre d'oublier

La facilité avec laquelle tu as su prendre cette
décision

Il me faudrait une vie supplémentaire

Pour t'aimer de la bonne manière

Je te jure avoir essayé

Mais mon apprentissage fut erroné

Jamais plus je ne te supplierais de rester

Jamais plus je ne te confierais ma vie

Car je me suis vue réparer ce que tu avais détruit

Mais chaque fois que tu reviens, tu me l'interdis

Je scrute toujours mes rêves à la loupe

Tu apparais dans chacun d'entre eux

Tu finis toujours par couler la chaloupe

Celle de mes souvenirs haineux

Oui, je rêve toujours de toi

Cela ne va pas grandement t'étonner

Car tu fais désormais partie de moi

Jamais je ne renierais notre passé

Mais lorsque l'on prend trop d'élan

L'impact est trop fort

Et les blessures prennent les devants

Tout comme le froid dehors

Tout se mélange dans ma tête

J'ai perdu le sens de mes pensées

Tu n'es pas là quand je m'apprête

À penser à des choses insensées

L'explosion était des plus intenses

Elle m'a déchiré d'une puissance inouïe

Mon cœur est désormais en maintenance

Maintenant que tu l'as poussé dans l'oubli

Je t'aime à en être malade

Tu es une maladie sans traitement

Pas de vaccin pour tes chamades

Je suis traitée par tes sentiments

J'ai exposé mes douleurs

Mon incompétence quant à ma guérison

Pour cette dépression aux mille couleurs

Au rythme de ma solitude et de toutes mes chansons

Le médecin du cœur m'impose le diagnostic

Cette maladie ingrate en me tuera pas

Je dois déconstruire mes murs de briques

Que j'ai bâti dans l'espoir de survivre jusqu'à toi

Après des années de palpitations et de carences

Au désir mortel d'étouffer ces symptômes dérisoires

Mon cardiologue m'a remis une ordonnance

« 3 comprimés d'amour, matin, midi et soir »

Dès la première mesure, nos cœurs battaient à
l'unisson

La douce mélodie d'amour s'est transformée en
chanson

A capella on s'était dit d'y aller crescendo

Mais au final, l'improvisation a accentué notre tempo

Mes pulsions artérielles s'exercent

Au rythme de tes mots et de ta tendresse

Et si les cuivres aussi se mettent à jouer

L'orchestre de ma personnalité va s'envoler

Nous nous perdons dans des mots en musique

À s'en oublier entre deux harmoniques

Dans l'impossibilité d'un morceau à contre-temps

Tes paroles résonnent comme un arpège
assourdissant

Mes sentiments sont conditionnés dans un tube à essai

Prêts à passer les tests comme au laboratoire

Et entre les atomes d'oxygène que tu absorbais

Ta chimie artérielle me paraît illusoire

Les molécules d'amour se confondent à l'hydrogène

Je t'haine, je t'aime, les barrières s'évaporent

La composition de mon cœur a déteint sur l'obsidienne

L'alchimie de nos âmes découle dans tout mon corps

J'ai tout passé au microscope

Le moindre millimètre de ta personne

Et même sous substances psychotropes

Cette réaction chimique, en moi résonne

La zone de mon coeur est balisée

Tous les agents viennent d'arriver

La scientifique met en place le matériel approprié

L'analyse de la scène de crime peut commencer

Le relevé d'empreintes est formel

Les enquêteurs me paraissent convaincants

Après un bilan de cette situation superficielle

Tu m'as attaquée à coups de « je t'aime »
contondants

L'autopsie a tout révélé

Tous les sentiments furent dévoilés

À la vue des indices de mon cœur artificiel

Tu es responsable de cette maladie mortelle

J'idéalise des sentiments

Sur lesquels je ne peux apposer de mots

Et même à rimer autrement

Mes vers ne te servent que de déco

Dans mes tercets, mes distiques et mes quatrains

J'use de ballets, de musique et de ressentis incertains

Associer les mots pour accorder les rimes

Comme écrire à demi-mot tout ce pourquoi je trime

Ma plume effleure cette feuille de papier

Les lettres se dessinent comme par magie

Toute mon inspiration fut inondée

Par tous tes éclairs de génie

Comme l'eau et le feu

On était destinés malgré nous

Opposés de la Terre et des cieux

À bannir l'amour et les mots doux

Contre toute attente et à l'encontre des éléments

Avec tendresse et douceur, attirés comme des
aimants

Nos corps et nos cœurs, attachés et barricadés

Ont laissé les choses se faire et ont appris à s'aimer

J'étais en miette, jetée par terre

Comme un cerf-volant que l'on enterre

Ton amour a su poser un cathéter

Sur mon cœur élémentaire

Une douleur superficielle

Pour un bonheur éternel

Encrer sur mon corps ces moments de ma vie

Qui m'ont aidé à réussir tout ce que j'ai accompli

L'encre se dépose doucement sous ma peau

Les premiers traits noirs se font connaître

Je me tatouerais ton cœur, même submergé d'eau

Ces dessins augmentent mon bien être

Tatouer ton cœur, à jamais sur mon corps

Pour te coller à moi, même quand je dors

Incorporé à moi jusqu'au Vercors

J'emporte ton souvenir sans effort

Je n'ai pas grande expérience. Je n'ai que peu de compétences en terme d'amour. En revanche, j'ai une parfaite connaissance des symptômes procurés, des risques engendrés pour la santé.

J'aurais beau apposer tous les mots du dictionnaire, je ne pourrais égaler l'intensité d'un cœur amoureux, car rien n'est plus puissant.

Parfois, l'absence de mot et bien plus symbolique que les grands discours. Et lui, n'exécutait ni l'un, ni l'autre.

C'est sa différence qui a construit son charme.

J'ai été en capacité de lui dédier une chanson, de lui écrire ces quelques pages. Je n'ai en revanche, jamais été capable de le garder auprès de moi, sûrement par détachement progressif et réciproque.

« N'oublie pas ceci : c'est que souvent l'amour meurt parce qu'on ne fait pas, pour le conserver, ce qu'on avait fait pour l'inspirer. »

Alfred de Musset

À vrai dire, je suis toujours une épaule sur laquelle
tu peux pleurer

Je suis toujours celle qui passait des heures à
t'écouter

Tu sais, je n'ai jamais vraiment déguerpi le plancher

Je serais toujours là, je l'ai toujours été

Les années et les kilomètres ne savent suffire

À diminuer l'estime que j'ai pour toi

Rien ne pourra égaler voire pire

Le manque que tu as placé en moi

J'avais tout misé sur nous

Ce fut mon plus gros coup

Jamais je ne rejouerais si gros

Désormais tout est moins beau

Tes adieux

Ma renaissance

Aujourd'hui, tu n'es plus là

Aujourd'hui, je passe mes nuits sans toi

Demain, tu aimeras quelqu'un d'autre que moi

Demain, à un autre, mon cœur appartiendra

Tu m'as dis que tout s'arrêtait ici

Que tout prenait fin ce soir

Je préférais quand tu étais indécis

Avant que tu ne me dises au revoir

J'aime tes appréhensions, tant je les redoute

Je remet en question mes pensées tous les soirs

J'ai longtemps fermé les yeux sur tes doutes

Mais je ne peux plus *t'aimer dans le noir*

Tu m'as tant apporté

Et tu m'as tant privé

Tu m'as fais vivre

À m'en faire mourir

J'ai adoré t'aimer

Et j'aime toujours ça

Je ne parviens plus à te détester

J'ai appris à vivre sans toi

Peut-être est-il temps que je te fasse mes adieux

Vais-je enfin en avoir le courage ?

J'ai gaspillé trop de temps à vouloir reconstruire en mieux

Je dois cesser de croire en ce mirage

Tu m'as demandé d'oublier

Il y a déjà un paquet de temps

Je me suis laissée aller

Portée par tes souvenirs dans le vent

J'avais tant d'amour à te donner

Et tant de fois tu as refusé

Je dois me résigner à cesser de t'aimer

Et enfin laisser mon cœur respirer

Tout s'est mélangé dans ma tête

Je peine à différencier les souvenirs des désirs

Peut-être suis-je enfin prête

À te supprimer de mes perspectives d'avenir

Je ne sais pas comment m'y prendre

Pour oublier mon premier amour

Ma raison ne sait plus se faire entendre

Mon organe vital est devenu sourd

Je rampe jusqu'au coucher du soleil

En espérant que tu disparaisses à ses côtés

Recevoir ton amour a été une réelle merveille

Mais je ne veux plus attendre de te retrouver

J'aurais tout lâché pour te secourir

J'aurais tout donné pour ton sourire

J'aurais tout fait pour ne pas partir

Pour toi, j'aurais pu mourir

Ma vie ne t'a pas suffit comme loyauté

Car de moi, tu as continué à douter

Tu doutais de ma sincérité

Et de celle de mes sentiments avérés

Mais je t'ai tout dévoilé

Je t'ai tout révélé

Je me suis démenée

Pour être le noyau de ta pensée

Tu étais mon univers

Tu étais mon tout, mon monde

Désormais amer

Je l'ai enfoui dans les catacombes

Il est temps pour moi de partir

De partir de ton cœur

Jamais je ne pourrais me réjouir

De t'évincer de mon bonheur

Oui, je rêve encore de toi

Non, jamais je ne t'oublierais

En effet, je ne le peux pas

Tu es gravé à tout jamais

                    Voici mes aveux

                Du moins pour aujourd'hui

                Tu l'auras compris, je veux

                  Renaître par ton oubli

C'est toi ma renaissance

Ma douleur forge ma résistance

C'est la façon dont je gère ton absence

Qui a bâti ma puissance

Je ne te dis pas adieu

Je te confie à Dieu

Là prend forme toute ma loyauté

Et mon éternelle souveraineté

        Désormais je te connais par cœur

        Je maîtrise tes forces et tes faiblesses

        Et de tout cela, il y a une chose dont j'ai peur

        C'est que tu ressasses sans cesse

Le passé te rattrapera toujours

Sauf si tu l'éclaires en premier

J'espère que tu perceras tes secrets les plus lourds

Pour enfin souffler sans suffoquer

Délecte toi de tes obsessions

Comme je me délecte de toi

Essaie de trouver substitution

Au jeu que tu voyais en moi

Ce n'est que quand je suis partie

Que tu as ouvert les yeux sur mes ressentis

Mais quand je te donnais mon avis

Rien ne surpassait l'importance de tes envies

J'ai essayé de te réparer

Je m'en suis brulé les lèvres

À user de mes mots pour te sauver

J'ai faillis laisser couler mes rêves

Je t'ai idolâtré chaque instant de notre vie commune

J'étais dépendante de ton amour et de son infortune

J'ai pris ton cœur avec tous ses barbelés

Je t'ai aimé, *les mains ensanglantées*

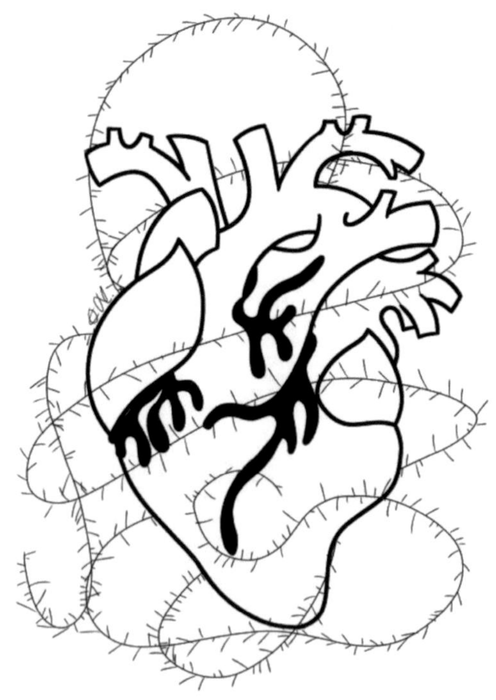

Maintenant que j'ai réussi à me soigner

Je veux m'éloigner de cette illusion

Celle de tout recommencer

Sans que tu doutes de mes intentions

Et tout cela n'est qu'irréalisable

Car notre amour est périssable

À l'inverse, tu te serais accroché

Tu te serais battu là où je me suis déchirée

Je ne souhaite plus ton amour

Mon obsession a fait demi-tour

Je tente de me convaincre malgré moi

Que mon cœur ne doit plus battre pour toi

J'aperçois parfois encore l'ombre de tes doutes

Je les laisse passer sans m'y accrocher

Et tu sais, quoi qu'il m'en coûte

Je veux que tu saches à quel point je t'ai désiré

Tu n'as pas voulu m'écouter à temps

J'espère que tu me liras à la place

Sache que tu m'as vidé de mes sentiments

Je t'en avais construit tout un palace

Tu étais l'étincelle qu'il manquait à ma vie pour
s'enflammer

Tu étais ma source de lumière dans l'obscurité

Maintenant je sais m'auto-suffire, m'auto-aimer

Quand l'air me manque, je n'ai plus besoin de toi
pour *respirer*

J'ai pris en maturité et en autonomie

J'ai arrêté d'étouffer pour ta vie

J'ai enfin refermé mes plaies vives

Causées par cette dépendance affective

Tu étais destinataire de tellement de mes sentiments

À ne plus savoir où donner de la tête

Et c'est ce qu'il s'est passé finalement

Même pour moi, ton cœur n'était plus en fête

Hier était un autre amour

Demain sera sans retour

Dans quelques années je serais sûrement mariée

J'espère un jour *pouvoir t'oublier*

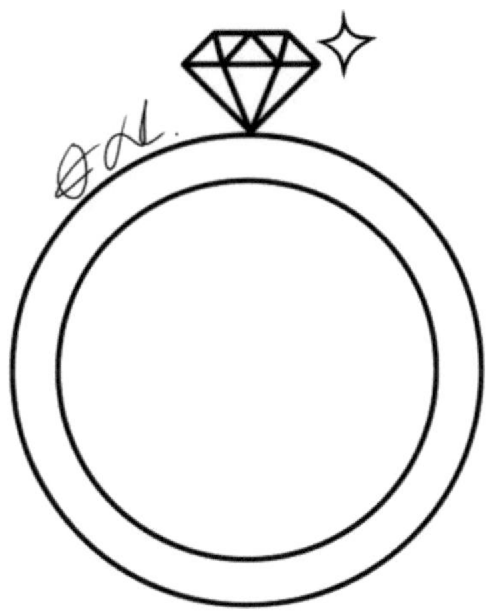

« Le premier amour est éternel, le temps ne passe
pas, c'est le principe amoureux. »

Camille Laurens

Je pense que le premier amour est immortel. C'est celui qui fait fleurir notre cœur et fait naître ce désir de sentiments. Comme lorsque les rayons du soleil titillent les bourgeons de fleurs sur les cerisiers. Il n'existe pour moi, pas plus intense sensation de palpitations cardiaques.

J'ai aimé ces moments où le cœur cavale.

J'ai aimé ces instants où tous les sens s'emballent.

Car selon moi, l'Amour, est un mélange de sentiments surdosés et de ressentis incontrôlés. Je suis une véritable amoureuse de l'amour, mais il me fuit. Je tente de le capturer chaque jour mais il s'efface.

Peut-être ai-je une attente trop élevée ?

Peut-être ne suis-je pas éligible à cette facette de la vie ?

Pourquoi t'es-tu à ce point ancré en moi ?

Pourquoi ne veux-tu pas sortir de ma tête, de mon cœur ?

Je crois que tu n'es pas réel

Je crois que ta magie m'ensorcelle

Malgré que tu joues d'attaques sensorielles

Je sais que ces blessures n'étaient pas intentionnelles

Parfois, je l'avoue

J'aimerais que tu n'aies jamais existé

Tu ne mesures pas l'ampleur de ce « nous »

Qui m'est tant devenu meurtrier

Je ne veux plus que tu me manques

Je ne veux plus de toi comme centre de mon monde

Car tu as mis ton cœur en planque

Notre histoire n'est plus, elle s'inonde

Oublie moi

Si tu n'es pas sûr de tes sentiments

Car moi

De t'attendre, je n'ai plus le temps

J'ai patienté des années

Dans l'espoir de te revoir près de moi

Tu es revenu, tu as rampé

Au moment où je tentais de vivre sans toi

Dans la consonance de tes mots délicats

J'ai appris à te substituer

Et par cette absence de son d'harmonica

J'ai compris que tu voulais m'oublier

Mon cœur, lui, ne t'oubliera jamais

Il est marqué à sang

Par des souvenirs amers

Par des mots glaçants

                    C'est en suivant tes pas désaccordés

                                Que j'ai fini à terre

                    En croyant à toutes tes illusions passionnées

                                Je t'ai octroyé toutes mes prières

Tu vis entre l'eau et la terre

Telle la polyvalence du plant de riz

Noyé dans mes larmes involontaires

Tu me récoltes jusqu'à m'en ôter la vie

Tout est relatif

Tout est suppressif

Tout est estimable

Personne n'est irremplaçable

Parfois, j'ai la bonté de m'octroyer une pause, pour respirer. Et quand je ne parviens pas à inspirer, je visualise ton visage, car tu es mon oxygène.

Je ne sais pas jusqu'à quand tu hanteras mes rêves. Je sais qu'un jour, tu t'estomperas, tu oublieras, tu ne reviendras pas.

Ce jour, je le redoute.

Ma vie s'était articulée autour de l'attention que tu me portais, autour de ton amour, de tes sentiments, de tes passions, de tes sourires, de toi.

Tu as fait de mon cœur, *ton otage.*

Je ne puis t'espérer plus longtemps, je ne puis t'attendre indéfiniment.

Du moins, pas dans tant de silence, de *souffrance.*

Je t'ai aimé plus que la vie ne le permet.

Je t'ai aimé plus que l'être humain n'en est capable.

C'est cela qui me confirme, que tu auras toujours une place particulière dans mon cœur. Que certains de ses battements te seront toujours dédiés.

J'essaie un peu plus chaque jour, de m'éloigner spirituellement de toi, et tu reviens toujours. J'attend le jour où tu te lasseras de ce jeu malsain.

Mais j'espère tout autant, secrètement, que tu ne cesses jamais.

J'ai le profond sentiment qu'un jour, nous nous retrouverons. Peu importe dans quel univers, dans quelle dimension, nos cœurs sont construits de sorte à battre à l'unisson. Et nos corps sont faits pour s'attirer tels des aimants.

Il n'y a que ton sourire pour illuminer mes jours.

Il n'y a que tes souvenirs pour embellir mes rêves.

Il n'y a que tes mots pour chérir mon esprit.

Il n'y a que toi pour donner un sens à ma vie.

Je te cherche, dans les gouttes de la rosée du matin.

Je te cherche, sous les éclaircies de la lune.

Je te cherche, entre les rayons du soleil.

En réalité, je te cherche partout *où tu n'es pas*.

J'espère un jour, prendre pleinement conscience qu'il est important que je tourne la page.

J'espère en jour, comprendre que certaines fins sont définitives, que certains chemins ne sont plus faits pour se croiser ; que parfois l'Amour n'est plus fait pour durer.

Je tremble parfois de ton absence, comme un désir inassouvi.

Mon cœur a appris à se taire, alors c'est mon corps *qui prend la parole.*

Je me nourris parfois de la peur qui me transperce, des souvenirs qui me traversent.

J'ai souvent l'impression que tu te tiens près de moi, mais tu te trouves à des années lumières.

Chaque jour, j'attend la tombée de la nuit pour te retrouver dans me songes, comme un plaisir interdit.

Je tente de t'échapper mais je ne puis me défaire de ces chaînes qui me retiennent.

Mais mon avis n'a plus d'importance

Tu m'en as souhaité tes condoléances

Je suis amoureuse de l'Amour

Peut-être plus du tien

Il me parcourt tous les jours

C'est ma raison qui me retient

Je ne tiens plus compte de tes remarques

J'ai presque omis tes mots tranchants

J'ai fais une croix sur ces regards qui me matraquent

J'en ai bientôt fini avec tes sous-entendus blessants

Malgré tout, je te pardonne

Mais jamais je n'oublierais

Je t'ai prêté, là je te donne

Mon cœur, sans intérêts

Prend en soin, je t'en prie

Avec lui, ne soit pas ingrat

Prend en soin, je t'en supplie

Tu me l'as déjà détruit une fois

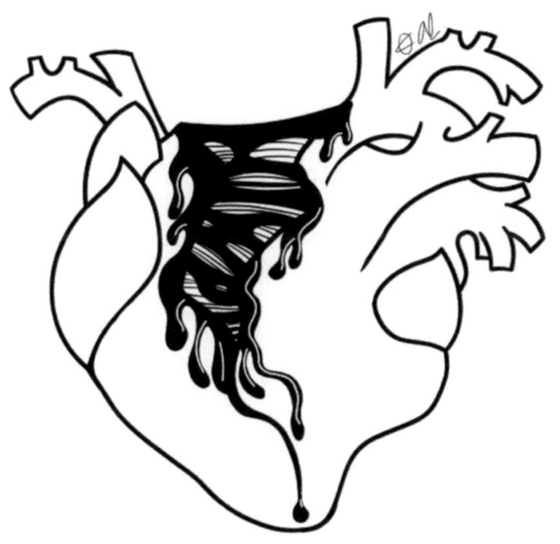

Le temps ne parvient pas toujours à réparer les fêlures du passé.

Parfois même, c'est le temps qui brise, il détruit sur la durée.

C'est là que je décide de me laisser porter, par l'horloge et par les antiquités. Je ne pourrais rien changer aux événements antérieurs, seulement profiter de ceux qui s'offrent à moi.

Je ne prendrais aucune décision quant à l'oubli de ta personne, c'est l'univers qui tranchera.

Fais lui confiance, il a déjà appris à nos cœurs à s'aimer, il saura choisir l'option la plus judicieuse.

Car désormais notre avenir ne résonne plus que comme une option, celle pour laquelle *tu n'as pas opté*.

Nous étions faits pour nous rencontrer, peut-être tout autant pour se déchirer.

Sache, dans ce cas, que tu es ma déchirure la plus belle, la plus immortelle, la plus intemporelle.

Aime toi comme je t'ai aimé

Moi, je n'en ai plus les capacités

Je me suis déconcentrée de toi

Pour me recentrer sur moi

J'ai pu faire de meilleurs choix

Que ceux que j'ai fait jusque là

Je n'ai plus besoin de toi pour vivre

Je ne veux pas me l'admettre, je me le prouve

Ce ne sont plus tes yeux qui m'enivrent

Mais le sentiment de liberté que j'éprouve

Je suis libre de tes sentiments, de ta joie

Je suis libre de ta colère, de ta tristesse

Une liberté dont je me satisfais par choix

Je suis désormais libre de ta détresse

Le poids de ta colère m'a étouffé, je l'avoue

Un poids trop considérable dans ce « nous »

Jamais tu n'as souhaité l'alléger

Car c'était ton seul moyen de t'exprimer

Ta vison erronée de la famille m'a attristé

Car de la mienne, elle est le strict opposé

Tu le comprenais mais en étais désintéressé

C'est un sujet trop énergivore pour tes idées arrêtées

Je sais que mon amour t'a troublé

Je sais aussi qu'il t'a aidé

Depuis, le temps coule dans le sablier

Et à nous, tu as renoncé

Je sais

Je ne connais que trop bien tes doutes

Je hais

La façon dont tu t'accroches au scénario que tu
redoutes

Sache que j'écris ces lignes pour moi

Je doute que tu les lises un jour

Car toutes les fois où mes paroles étaient tournées
vers toi

Jamais tu n'as essayé d'en distinguer les contours

J'espère pouvoir me servir de tout ça

J'espère tirer profit de l'absence de tes bras

J'avoue que cette expérience m'est inhabituelle

Je n'ai jamais rencontré un cœur artificiel

Un ami m'a dit un jour, que je méritait une belle histoire d'amour. J'espère qu'il a raison.

J'aimerais tant la vivre, cette histoire de princesse ; ce conte de fées.

Oui, je rêve encore d'un mariage beau et blanc, dans toute sa splendeur, et tout son glamour.

Je ne perds pas espoir, c'est mon atout. J'aime toujours autant l'Amour, malgré l'image déchue que tu m'en as offert.

Je ne suis pas du genre à abandonner mes convictions. Et si j'en ai une plus importante que les autres, c'est bien que l'amour ne rencontre pas de frontières lorsqu'il est sincère.

Entre toi et moi, ce n'était peut-être pas un manque d'amour, mais *un manque de sincérité.*

Qui de nous deux à menti ?

On s'était promis l'éternité, nous voilà dans l'obscurité.

Si tu ne veux plus m'aimer, je t'en supplie, laisse moi m'en aller.

Tu dois faire un choix désormais.
Moi, mon choix a toujours été fait.

J'en ai assez de devoir m'interposer entre tes sautes d'humeur et tes manques d'affection.

Tu aurais pu m'avoir, entière, pour toi tout seul.

J'étais à tes pieds, tu avais le contrôle de mon cœur.

Je t'aurais tout donné, ma vie et mon bonheur.

Tu ne peux pas me détruire le cœur et réclamer mon amour.

Tu ne peux pas me brûler les ailes et vouloir que je vole à ton secours.

Rends moi ton cœur

Ou rends moi ma liberté

Tu n'auras plus mes larmes

Tu n'auras plus mon calme

Tu n'auras plus mon attention

Tu n'auras plus mon affection

Tu n'auras plus mon amour

Tu n'auras plus mes pourtours

Tu ne me verras plus chaque jour

Tu ne seras plus dans mes alentours

Tu ne partageras plus ma vie

Tu ne partageras plus mes nuits

Tu ne contrôleras plus mes envies

Tu ne soigneras plus mes maladies

On ne jouera plus de piano

On ne composera plus en duo

On ne boira plus d'expresso

Tu ne me passeras pas l'anneau

Je n'aurais plus de rancœur

Tu ne me connaîtras pas auteure

Je ne t'aimerais plus en profondeur

Tu ne possèderas plus mon coeur

Je réalise en écrivant ces mots, je suis à bout de tentatives. J'ai essayé par tous les moyens de te faire mes adieux. J'en suis désormais rendue à t'écrire un livre.

N'est-ce donc pas cela l'amour ?

Se donner au point où les organes vitaux ne peuvent survivre, au point où ils lâchent sans prévenir.

N'est-ce donc pas cela la douleur ?

Faire face aux blessures sans en voir les capacités de guérir, se lamenter sur son sort.

On dit que la pluie cache toujours un arc-en-ciel, sous-entendu, il y a toujours plus beau ailleurs.

Mon ailleurs à moi, c'était ce nouveau toi.

Mais je ne fais plus partie de tes équations, je suis l'inconnue que tu as évincée du problème, sans prendre le temps de la calculer.

Je ne t'en veux pas, il n'y a plus de place pour moi dans ton cœur.

Il est minuit passé et encore une fois, je ressasse nos souvenirs, je repense à tes sourires, à nos instants de bonheur, à mes moments de douleurs. Mais je ne puis encore imaginer que je pourrais te retrouver dans un avenir proche. Tu n'existes plus que dans ma mémoire ou aux travers de tes quelques messages, de tes quelques photos. Tu n'es plus aussi proche qu'avant, et je vais accentuer notre distance physique, tu t'es chargé de la distance émotionnelle.

J'aimerais te dire « à bientôt », j'aimerais te dire que l'on se retrouvera. Mais la vérité, c'est que peu à peu mon espoir se fane, je n'y crois pas, je n'y crois plus.

J'ai patienté, priant le retour de tes sentiments, et à chacun de tes départs, jamais tu ne t'es retourné. Tu ne revenais que trop tard, que quand je m'accommodais à ton départ soudain. Alors maintenant, je te le dis, je te le crie, je t'en prie, je t'en supplie, aime moi à vie ou oublie moi dès aujourd'hui. Mon cœur a su faire la part des choses, le tien est toujours en retard. Tu fais partie des piliers de ma vie, mais je saurais me passer de toi, tu ne m'as que trop bien appris à le faire. Après cela, jamais plus je ne t'étoufferais de mon amour. Jamais plus je n'espèrerais ton retour. Jamais plus je ne t'attendrais.

Cesse de te servir d'excuses pour expliquer ton envie de liberté, je l'ai compris et je le comprendrais toujours.

Mais ne me dis pas que cette mise en scène va à l'encontre de tes sentiments le plus sincères.

Car quand l'amour est pur, il mérite que l'on mette le monde *à feu et à sang* pour le maintenir en vie.

Mais tu sais mon cher, tout cela n'a peut-être pas la même intensité, la même puissance pour toi et moi. Là prend forme toute notre opposition.

Pour moi, l'amour est le plus prestigieux des sentiments, le niveau émotionnel surplombant même la chimie cardiaque.

Mais pour toi, tout cela ne doit apparaître qu'optionnel, informel, irrationnel, purement charnel.

Ne mesures-tu pas l'impact psychologique et spirituel de deux battements de cœurs à l'unisson ?

N'entends-tu pas cette douce mélodie d'amour ?

Parfois, je songe que tu résides éternellement dans un morceau à contre-temps, que tu en perdes le tempo.

La seule chose que je te demande, c'est d'accorder tes paroles à ton cœur, de le laisser dire la vérité.

Tout m'a paru si soudain

Tu me parais si lointain

Je n'ai pu suivre mon instinct

Je ne veux plus être ton pantin

Tout m'a paru si soudain

« Croyez-le, le véritable amour est éternel, infini, toujours semblable à lui-même ; il est égal et pur, sans démonstrations violentes ; il se voit en cheveux blancs, toujours jeune de cœur. »

Honoré de Balzac

Je pourrais recevoir le plus somptueux des diamants, le plus scintillant des saphirs ou encore, le lingot d'or le plus authentique ; mais rien.

Rien n'a plus de valeur que ses tendres baisers déposés sur mes lèvres encore gercées. Rien n'a plus de valeur que ses mots doux, chuchotés au creux de mon oreille lorsque je m'endormais. Rien n'a plus de valeur que ses battements de cœur qui résonnaient dans sa poitrine, que je pouvais entendre quand je plaquais ma tête contre son torse.

De toutes les merveilles que le monde a su créer, rien pour mon cœur, n'a plus de valeur que lui.

Je ne lui ai dit que *bien trop de fois*.

Il m'a entendue, mainte et mainte fois, mais jamais ne m'a écoutée.

Mais à combien de centaines de fois dois-je m'y reprendre pour qu'il comprenne enfin ?

À partir de quand sombrons-nous dans le silence forcé ?

Je n'ai que fais de le lui répéter.

Désormais, je ne le dirais plus. Ces mots seront ma dernière déclaration d'amour dans le vent.

J'ai tant rêvé de mettre en page ces quelques milliers de mots pour toi.

J'ai tant rêvé de formuler ces vers et d'accorder les rimes pour embellir ma douceur, pour colorer cette déchirure.

J'aime l'idée que tu ne me liras jamais, car cela signifie que je ne me suis pas trompée, tu sais à quel point il me déplaît d'avoir tort.

J'apprécie chaque lever du soleil

Je vois dans chaque rayon l'un de tes sourires

Ce sont des souvenirs qui m'émerveillent

Tu me hanteras jusqu'au dernier de mes soupirs

S'il te plaît, n'oublie pas de m'aimer

S'il te plaît, jamais ne cesse de me hanter

J'entends encore mon cœur frémir

Il bat de l'aile, il chavire

Je visualise parfois la courbure de tes lèvres

Un peu plus chaque jour, j'en oublie les contours

Mon souffle s'accélère à en percer ma plèvre

Entre cœur et raison, mes sentiments font des aller-
retours

Je t'en supplie, cesse de me torturer

Je t'en prie, soit indulgent envers mon organe vital

On ne lui a que mal appris à aimer

Le moindre de tes mots peut lui être fatal

Je rêve que tu prennes ta décision

Tu en as déjà été capable

Je rêve que tu choisisses pour de bon

Si tu désires rester immuable

Mon cher, voici pour toi, mes derniers mots d'amour.

Et puis un jour, je t'ai rencontré sans le vouloir, et tu es devenu ma plus belle histoire. Le temps nous a malmené, les lacs se sont déchaînés.

Ma plus belle histoire m'a ensorcelée.

Tu m'as fait tourner la tête, et tous les jours, tu me répétais, « je t'aime ». Mais depuis ces quelques notes musicales que nous jouions ensemble, les roses ont fané, les feuilles sont tombées, le temps s'est écoulé.

J'ai rêvé, pendant des années, d'un avenir à tes côtés. Qu'il est beau de rêver, qu'il est douloureux d'espérer. Je n'ai jamais été capable d'aimer depuis, avec une telle intensité. Je te dédie ces quelques mots comme dernier souffle d'affection à ton égard.

Je ne sais pas si tu liras ceci un jour, dans ta vie bien remplie. Ce que je sais en revanche, c'est que la puissance de mon amour est inscrite noir sur blanc, à ton intention, pour toujours.

Considère tout ceci comme un condensé de ce que je ne t'ai pas dit et de ce que tu n'as jamais écouté.

Un jour, ce recueil sera peut-être posé sur ta table, comme une lettre, transpirante de passion. Je peux percevoir ton léger tremblement quand tu le découvriras.

J'ai tenté de retrouver l'étincelle de tes yeux dans les constellations, chaque nuit.

Mais depuis ton départ, même les étoiles me fuient. Je ne suis plus qu'un astéroïde venu perturber l'équilibre de la vie, de ta vie.

Je ne cesse de me balancer entre détermination et abandon, comme si j'avais encore le choix.

Le dernier jour où nous nous sommes vus, ton air désolé et cette ambiance pesante étaient presque palpables tant ils étaient présents.

Tu avais perdu la brillance de tes iris. Et nous le disons si bien ; les yeux sont le reflet de l'âme.

Ce jour-là, ton âme était *vide*.

Maintenant que j'ai matérialisé le contenu de mon
cœur, tu n'as plus d'excuses pour *faire le sourd.*

J'ai encore le souvenir de notre première rencontre

Toujours celui de notre premier baiser

De chaque tentative d'oubli, tu vas à l'encontre

Comme si, à jamais, tu m'interdisais d'oublier

Serait-il possible que tu m'attendes encore ?

Serait-il possible que tu espères, toi aussi, à tort ?

Je doute que tu aies le cœur nécessaire à l'ouvrage

Celui de mes sentiments

Je doute en tes capacités d'assemblage

Pour nous unir correctement

J'espère intensément que tu comprennes mes idéaux

J'espère amèrement que tu soignes tous mes maux

J'espère régulièrement que tu entendes mon écho

J'espère secrètement que tu lises tous mes mots

On dit que l'espoir fait vivre

Moi il m'a *poignardée,* à vif

Il ne restera plus que nos ombres pour danser sous la pluie. Et même elles, sont victimes de notre union désabusée.

Tes promesses de changement et de nouveautés ont eu raison de nous, accompagnées de l'amertume de mes larmes salées.

Je ne sais que trop bien à quel point tu peux détruire. Tant d'années que tu agis dans l'intention de me nuire.

Je ne calcule qu'à peine ta véhémence

Tes syllabes ont le don de mettre mon cœur en transe

Tes actions sont menées en toute conscience

Depuis la naissance de ta concupiscence

Désormais tes mots me sont étrangers

Comme si ton cœur revenait d'un voyage

Le dernier souvenir date d'une éternité

Tu as ôté de ma mémoire tous les paysages

Tu étais mon plus fidèle compagnon de route

Tu as su illuminer mes yeux tout ce temps

Tu as su éveiller mes plus gros doutes

Je sais capter la lueur que tu émanes quand tu mens

Je tombe peu à peu amoureuse

De notre absence de relation

Dans cette danse périlleuse

Je me suis détachée de cette passion

Je n'ai plus le courage de vivre dans la perspective de ton amour impossible. Je n'ai plus le courage d'espérer te voir le matin lorsque j'ouvre les yeux. Je n'espère plus un avenir à deux. Je tente toujours de masquer mes rêves, de combler ce manque et de supprimer mon désir. J'essaie de t'effacer de ma mémoire, en vain. Je ne cesse de penser que tu auras toujours une place spéciale dans ma vie, dans mon cœur. Tu auras toujours cette priorité dans mes sentiments, ceux que tu as su acquérir avec le temps, ceux que tu as rejeté tant de fois.

Je ne t'en veux pas.
Je ne t'en voudrais jamais.

Nous étions jeunes, surtout mentalement. Je ne peux tenir compte d'écarts de jeunesse.

Je fus avec toi, tant sympathique qu'antipathique.

J'ai plongé dans ton amour, à m'y perdre.

Je me suis, en quelque sorte, anéanti en toi.

Et jamais tu ne m'as porté secours, malgré ma demande d'assistance. J'ai alors préféré souffrir en silence que de revoir la peine envahir ton visage, la colère inonder mon mirage.

Je ne te connais que par cœur

Je suis incapable de t'oublier, par peur

Je peine à me souvenir de cette rancœur

Tant que je peine à trouver le bonheur

Je me suis parfois demandé

Si tu me poussais vers le haut ou de la falaise

Car j'ai déjà eu à te supplier

De te taire, étant au bord du malaise

J'admire ta capacité à passer outre

Ta capacité à sourire sans regret

J'ai perdu l'équilibre sur cette poutre

Celle d'une vie où tu m'aimais

Car maintenant tu le sais

Moi, jamais je n'ai cessé

Mon amour continue des années après

Pas une seconde écoulée sans t'aimer

J'aimerais que tu retiennes une chose. Que l'amour sincère, le vrai, le Graal, ne cesse jamais vraiment. Il dure en silence, mais jamais ne s'interrompt. Je me doute du flou qui s'empare de tes pensées, je me doute du déni que tu peines à assumer.

Jamais mon cœur ne s'est servi de ses cicatrices pour rejeter l'évidence.

Aujourd'hui, je ne peux que sourire quand je reçois tes messages, sûrement par apparition de souvenirs dorés. Aujourd'hui, toi et moi, peut-être gardons nous contact seulement pour ne pas s'oublier.

Mais les pétales de notre amour ont peut-être déjà fané.

Jamais je n'aurais le réponse, car jamais je ne la chercherais.

Ces quelques lignes sont sorties de mon cœur, tout comme tu tentes de le faire de par ton absence et tes incertitudes.

Accepte mon organe vital comme offrande. Il saura sûrement te dire, mieux que moi, à quel fréquence il bat pour toi.

Ton amour fut pour moi *le plus beau*.

Ton cœur fut pour moi *le plus meurtrier*.

L'amour est si relatif, et tellement profond. Parfois, les liens de l'âme surpassent les liens du cœur, et l'extase sentimentale prend forme dans cet excès de bonheur.

On dit que toutes les bonnes choses ont une fin. On m'a souvent répété qu'il ne faut pas en abuser. Mais je préfère combler un manque d'amour, que créer un vide émotionnel vaste et destructeur.

J'ai eu la chance de connaître l'amour.

Je ne peux m'empêcher de songer à ses sourires, à ses regards, à ses mots doux ou encore aux multiples rires qu'il me provoquait.

C'est parce qu'il ne mesure pas son ampleur dans mon cœur que j'ai couché sur ces quelques dizaines de pages, mes sentiments les plus profonds, les plus secrets, les plus enfouis.

Les plus *puissants*.

J'ai tellement d'amour à lui donner, et tellement de manques à combler.

Je ne sais guère où se trouve la limite des sentiments, ni même celle du cœur.

Je sais simplement qu'elles ne sont pas géographiques et que nos cœurs ont assez de temps *pour battre à l'unisson*.

Je suis tombée amoureuse, puis je suis tombée dans l'oubli. J'ai toujours su que tu étais l'amour de ma vie, peut-être pas de celle-ci.

J'aurais pu te harceler de mes sentiments, j'ai préféré en faire un livre.

Si tu veux tourner la page, faisons de celle-ci, la dernière de notre histoire.

Chère Muse, tu l'auras deviné

L'entièreté de ma poésie t'est dédiée

Car dans l'ombre de ton amour altéré

Mon cœur a fleuri sous les cerisiers

<u>Remerciements</u>

Nous y voilà, la dernière page.

Je tiens avant toute chose à remercier de tout mon cœur, Al, @doggone_al sur Instagram, qui a assuré la correction ainsi que les 10 illustrations sous mes poèmes ! J'espère que son talent vous a conquis tout autant que moi.

Merci à mes 3 bêta-lecteurs, Al, Corentin et Carla ! ☺

Merci à ma famille qui me soutient dans chacun de mes projets, mais qui n'était pas au courant de celui-ci ;).

Merci à vous, chers lecteurs, chères lectrices de m'avoir accordé votre confiance en ouvrant ce livre, en ouvrant mon cœur. En tant que lectrice, je ne lis les remerciements que lorsque je souhaite prolonger l'histoire. Merci d'être arrivé(e)s jusqu'ici !

Et enfin, merci à toi, ma Muse, d'avoir inspiré chacun de ces vers, chacune de ces rimes. Aussi, je te remercie de ne m'avoir jamais vraiment lâchée. J'espère que cette centaine de pages et que ces presque 9 000 mots atteindront ton cœur.

Avec tout mon amour,

Marianne